RISTOPHORUS

ayher
BBYKUNST

Marion Dawidowski

Schönes aus Holz

Einfache Deko-Ideen

Inhalt

Originelle Deko-Ideen **aus Holz** für ein schönes Zuhause!

Marion Dawidowski ist eine der erfolgreichsten Kreativ-Autorinnen zum Thema „Holz".

Material & Technik

Holzfertigteile

In diesem Buch werden Modelle gezeigt, die aus Holzfertigteilen zusammengesetzt sind. Im Hobbyfachhandel gibt es von der Firma Rayher eine große Auswahl an vorgefertigten Holzteilen. Ovale und rechteckige Holzbrettchen, Teller und Kerzenständer werden in unterschiedlichen Größen angeboten.

Holzkugeln

Um Holzkugeln zu halbieren, diese auf eine unempfindliche Arbeitsplatte legen und die Kugeln im Verlauf der Maserung mit einem Stecheisen und Hammer spalten, es geht auch mit einem stabilen Messer und einem Fleischklopfer.

Draht

Aludraht in verschiedenen Stärken und Farben finden Sie im Hobbyfachhandel. Ebenso weitere Zierdrähte und Blumendraht. Für Drahtspiralen und Kringel den Draht um einen Stift wickeln.

Das Kleben

Um Holzteile miteinander zu verbinden, eignet sich Holzleim am besten. Kleinere Teile oder andere Materialien, die nicht für die ganze Zeit des Aushärtens festgehalten werden können, mit Heißkleber befestigen.

Die Farben

- Die Modelle mit den Acrylfarben Deco Art Patio Paint bemalen. Diese Farben sind wasserverdünnbar und nach dem Trocknen wasserfest.

- Um plastische Effekte zu erzielen, die Acrylfarben mit Farbenbinder verdicken. Der Farbenbinder ist farblos und wird zu gleichen Teilen mit dem gewünschten Farbton gemischt. Die Masse mit Pinsel oder Spachtel auftragen. Das Werkzeug mit Wasser reinigen.

- Modelle für den Außenbereich zusätzlich mit Klarlack überziehen, um vor Wettereinflüssen geschützt zu sein.

- Lackstifte eignen sich für feine Muster und Gesichter. Auf rohem Holz kann die Farbe verlaufen, deshalb vorher auf einem Rest testen.

Schablonen herstellen

Zum Übertragen der Vorlagen von Motivteilen aus Filz und Moosgummi eine Schablone herstellen. Die Motiveinzelteile mit Transparentpapier und Bleistift ohne Überschneidungen vom Vorlagebogen abpausen. Dazu die Transparentpapierzeichnung auf einen Tonkartonrest kleben, ausschneiden, auf das Material legen und mit Bleistift die Umrisse umfahren.

Die Laubsäge

Zur Grundausstattung der Laubsäge gehören der Laubsägebogen, das Sägetischchen mit Schraubklemme und Sägeblätter. Das Sägeblatt immer mit den Zacken nach unten und vom Sägebogen wegzeigend einsetzen. Es wird so gespannt, dass es bei Gegendruck nur leicht nachgibt.

Weitere Materialien und Werkzeuge

- Schere
- Bleistift
- Transparentpapier und Kohlepapier zum Übertragen der Vorlagen
- Schraubzwingen
- Bohrmaschine
- Holzbohrer in verschiedenen Durchmessern (an der Zentrierspitze zu erkennen)
- Schmirgelpapier (Körnung 150)
- Flachpinsel Nr. 12
- Feine, spitze Pinsel Nr. 2 und 6
- Buntstifte, Filzstifte, Lackstifte

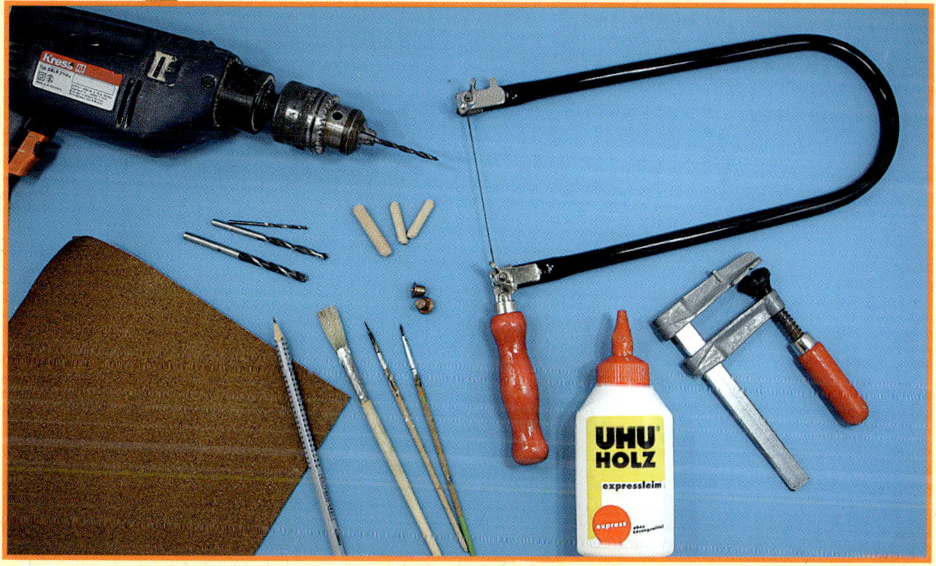

Übertragen der Vorlagen

Die Motiveinzelteile mit Transparentpapier und Bleistift vom Vorlagebogen abpausen. Zeichnung auf das Holz legen, einen Bogen Kohlepapier dazwischenschieben und alle Linien noch einmal nachzeichnen.

Aussägen

Das Holz mit einer Hand auf dem Sägetischchen festhalten, mit der anderen Hand den Laubsägebogen führen. Die Säge auf und ab bewegen, dabei nur leichten Druck gegen das Holz ausüben. Beim Sägen von spitzen Winkeln oder engen Kurven den Sägespalt auf der Stelle erst etwas breiter sägen, dann das Holz langsam in die neue Richtung drehen, damit das Sägeblatt nicht reißt.

Bohren und schmirgeln

Beim Durchbohren von Holz immer einen Holzrest unterlegen, damit die Rückseite nicht ausfranst. Nach Möglichkeit einen Bohrständer verwenden und das Motivteil mit einer Schraubzwinge fixieren. Alle Flächen und Kanten mit Schmirgelpapier glätten. Dabei von der Fläche nach außen zur Sägekante hin schmirgeln. Anschließend die Teile entstauben.

Holzverbindungen mit Leim

Je nach Modell werden die Motivteile vor oder nach dem Bemalen zusammengesetzt. Um Holzteile flächig aufeinanderzukleben, wird eine Seite dünn und ganzflächig mit Leim bestrichen, das Holzteil platziert und beide mit Schraubzwingen zusammengepresst.

Holzverbindungen mit Stiftnägeln

Um dünne Holzteile mit ihrer Kante auf eine Fläche zu setzen, ist es besser, diese zu „stiften". Hierzu Stiftnägel mit dem Hammer zur Hälfte in die Holzkante einschlagen, mit einer Kneifzange die Nagelköpfe abtrennen (Schutzbrille tragen). Holzleim auf die Holzkante auftragen und das Teil mit den Nagelstiften in das zweite Holzteil drücken, bis die Kante auf der Fläche aufliegt.

Bemalen

Das Modell der Abbildung entsprechend oder nach eigenen Vorstellungen mit den Acrylfarben bemalen.
Rote Wangen mit einem Wachsmalstift auftragen, dazu den Stift an einem Tuch reiben und damit über das Holz wischen. Leichte Farbakzente auf Holz und Filz mit Buntstiften setzen.

Memoblüte

1 Unterhalb der Blütenmitte ein Loch vorbohren, außerdem noch zwei Löcher in die Standfläche bohren.

2 Die Holzblume der Abbildung entsprechend bemalen.

3 Aus Aludraht eine kleine Schnecke und zwei Schnecken mit einem langen Ende formen. Die langen Drahtenden danach um einen Stift wickeln, sodass eine Spirale entsteht.

4 Die Enden der Abbildung entsprechend mit Heißkleber oder Alleskleber in die Bohrungen der Blume kleben.

Material

- Holz-Blume, 35 cm
- Aludraht in Silber, 2 mm ∅
- Patio Paint in Immergrün, Grasgrün, Pink, Terrakotta
- Bohrer, 2 mm ∅

Motivgröße 35 cm

Gutschein
für einen
Tennis !

Ente & Blüten

1 Die Schrauben aus den Modellen herausdrehen. Nägel in die vorhandenen Bohrungen an den Unterkanten der Motive etwas einschlagen, die Nagelköpfe abkneifen (Schutzbrille). Alle Teile bemalen.

2 Nach der Vorlage A aus Moosgummi zwei Füße schneiden, auf die Nägel der Gans stecken. Die Motive mit den Nägeln auf die Kanten der Brettchen drücken, hierfür vorher an den Stellen etwas vorbohren, Leim auftragen und die Nägel ganz eindrücken.

3 Für die Garderobenhaken vom Rundholz vier Stücke von 3,5 cm abtrennen, die Enden anspitzen und in die vorhandenen Bohrungen der Brettchen kleben, auf den Enden die Holzkugeln fixieren. Auf der Rückseite der Motive im oberen Drittel die Bilderösen anbringen.

Material

- 2 Holz-Blumen (mit Brettchen), 25 cm
- Holz-Ente, 25 cm
- Rundholz, 6 mm ∅
- 4 Holzkugeln, 1,5 cm ∅
- Moosgummi in Orange
- 4 Nägel, 0,15 x 3 cm
- 3 Bilderösen, 10 mm
- Bohrer, 2 mm ∅

Motivgröße 31 cm

Käfer & Co.

Kantenhocker

1 Die ovale Platine für die Körper in der Mitte durchsägen. Die Körper und als Köpfe die Holzräder bemalen (Vorlagen B1 und B2). Mit dem 2-mm-Bohrer die Bohrungen für den Schwanz und die Fühler in die Holzkanten arbeiten. Für den Käfer die Holzperle halbieren, eine Hälfte als Nase aufkleben. Aus Aludraht die Fühler formen und in die Bohrungen kleben.

2 Für das Schwein Ohren und Schnauze auf den Filz übertragen (Vorlage B2), ausschneiden und am Kopf fixieren. Aludraht um einen Stift zur Spirale wickeln und als Schwanz anbringen. Die Köpfe laut Foto an den Körpern befestigen.

Pflanzen-Stecker

1 Die ovale Platine nach der Vorlage B3 zusägen. Den Käfer weiter ausarbeiten wie oben den Kantenhocker.

2 Das Flügelteil nach der Vorlage B4 aus der Klarsichtfolie zuschneiden, an der Schmalstelle etwas zusammenschieben und auf der Rückseite des Käfers ankleben.

3 Das Rundholz mit Heißkleber auf der Rückseite als Stecker fixieren.

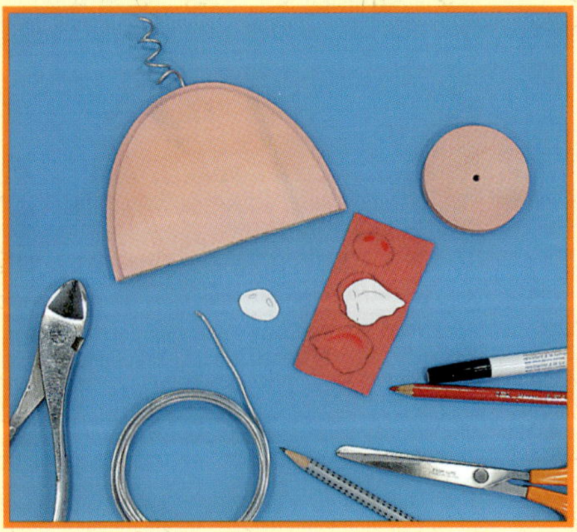

Material

Für alle Modelle
- Platine, oval, 13 x 18 cm
- Aludraht, 2 mm ∅
- Patio Paint in Weiß, Babyrosa, Schwarz
- Bohrer, 2 mm ∅
- Laubsäge

Kantenhocker Käfer
- Holzrad, 55 mm ∅
- Holzperle in Rot, 12 mm ∅
- Patio Paint in Orange, Kirschrot

Kantenhocker Schwein
- Holzrad, 55 mm ∅
- Filz in Rosa

Pflanzenstecker
- Holzperle in Rot, 12 mm ∅
- Rundholz, 6 mm ∅
- Prospekthülle (für Flügel)
- Patio Paint in Orange, Kirschrot

Motivgrößen
- Stecker: 24 cm
- Kantenhocker Schwein: 16 cm
- Kantenhocker Käfer: 12 cm

Fröhliche **Ostern**

Material

Für beide Modelle

- Buntstift in Weiß
- Patio Paint in Weiß, Schwarz, Grasgrün
- 2 Stiftnägel, 0,9 x 13 mm
- Aludraht, 2 mm ∅
- Bohrer, 3 mm ∅
- Laubsäge

Huhn

- Platine, oval, 13 x 18 cm
- Filz in Weiß, Rosa
- Glasgefäß, 6,5 cm ∅
- Patio Paint in Goldgelb

Hase

- Platine, oval, 9 x 13 cm
- Holzrad, 55 mm ∅
- 2 Holzperlen, natur, 1,4 cm ∅
- Holzperle in Schwarz, 1,2 cm ∅
- Filz in Rosa, Zimt
- Patio Paint in Zimt

Motivgrößen

- Hase: 16,5 cm
- Huhn: 15,5 cm

Anleitung Seite 16

Hase

1 Die ovale Platine nach Vorlage C1 zusägen und die Bohrungen ausführen. Die Holzteile bemalen.

2 In die gerade Holzkante einer Platinenhälfte 2 Stiftnägel halb einschlagen, die Nagelköpfe abkneifen (Schutzbrille) und mit Leim auf das andere Teil, bündig zur Kante, drücken (Anleitung Seite 7). Den Kopf knappkantig aufkleben. Die Holzperlen halbieren, eine schwarze Hälfte als Nase fixieren, die übrigen laut Foto anbringen.

3 Die Vorlagen C2 und C3 für Ohren und Blüten auf Filz übertragen, ausschneiden und befestigen. Für die Schleife ein Stück Filz, 2 x 5 cm, zuschneiden, mit einem Buntstift Tupfen aufmalen und unterhalb des Kopfes fixieren. Aus Aludraht die Beine nach Vorlage C4 formen und in die Bohrungen kleben.

Huhn

1 Die ovale Platine nach der Vorlage C5 durchsägen und bohren. Beide Holzteile bemalen. Die Teilstücke der Platine wie beim Hasen zusammensetzen.

2 Flügel und Kamm nach der Vorlage C5 aus Filz schneiden. Mit Buntstift das Muster auf den Kamm malen. Als Schleife ein Filzstück, 2 x 5 cm, schneiden und in der Mitte mit etwas Kleber zusammendrücken. Alle Teile laut Foto anbringen.

3 Aus Aludraht zwei Beine biegen (Vorlage C6) und in die Bohrungen am Körper kleben. Das Teelichtglas mit doppelseitigem Klebeband fixieren.

Abbildung & Materialangaben Seite 18/19

Löwe

1 Für die Löwenmähne die Platinen nach Vorlage D1 zurechtsägen.

2 Die zugesägten Platinen mit Stiftnägeln und Kleber (Anleitung Seite 7) etwa 2 cm von der Vorderkante entfernt an der Kommode befestigen.

3 Die Kommode bemalen, dazu die Vorlage D2 für das Gesicht verwenden.

4 Die Halbkugeln als Augen auf die obere Schublade kleben und bemalen.

Tipp:

Wer nicht sägen möchte, arbeitet den Schwanz der Echse und die Mähne des Löwen aus Modellierfilz. Dabei darauf achten, dass die bemalten Holzteile zu den Filzfarben passen.

Echse

1 Eine Platine laut Vorlage D3 zusägen, auf die andere eine Halbkugel als Auge kleben.

2 Die übrigen Halbkugeln als Füße unter den Ecken des Würfel-Kalenders befestigen.

3 Alle Teile bemalen. Die Zahlen mit Buntstift aufmalen.

4 In die Holzkante von Kopf und Schwanz je einen Nagel halb einschlagen, den Nagelkopf abkneifen (Schutzbrille), Kleber auftragen und die Teile am Körper andrücken (siehe Seite 7).

5 Aus Filz nach der Vorlage D4 ein Halstuch zuschneiden und der Echse umbinden.

Schreibtisch-Tiere

Material

Für beide Modelle

- Laubsäge

Löwe

- Holz-Kommode, 21,5 x 14,5 x 16 cm
- Platine, oval:
  - 13 x 18 cm
  - 9 x 13 cm
- 2 Holz-Halbkugeln, 3 cm ∅
- Patio Paint in Weiß, Goldgelb, Zimt, Rosa, Grasgrün, Immergrün
- 6 Stiftnägel, 0,9 x 13 mm

Echse

- Holz-Würfel-Kalender
- 2 Platinen, oval, 9 x 13 cm
- 5 Holz-Halbkugeln, 3 cm ∅
- Filz in Rot
- Patio Paint in Weiß, Grasgrün, Immergrün, Schwarz
- Buntstifte in Grün
- 2 Stiftnägel, 0,9 x 13 mm

Motivgrößen

- Löwe: 26,5 cm
- Echse: 14 cm hoch, 41 cm lang

Anleitung Seite 17

2
2
5
1

Katze & Herzen

Katze

1 In das Holzbrett zwei Bohrungen im Abstand von 6 cm zueinander und 7 cm von der Unterkante der Querleiste gemessen bohren. Den Aludraht durch die Bohrungen ziehen und eine Schlaufe formen, sodass der Tontopf eingehängt werden kann. Die Enden auf der Rückseite miteinander verdrehen.

2 Die Einzelteile bemalen, dabei am Kopf die Fellstreifen mit Buntstift malen. Nach der Vorlage E die Ohren aus Filz schneiden, mit rosa Buntstift das Ohrinnere andeuten. Die Ohren an den Kopf kleben. Mit einer Nadel Löcher für die Barthaare einstechen und Stücke vom Plombendraht einkleben.

3 Kopf und Pfoten aufkleben. Aus Aludraht einen Schwanz formen und an der Rückseite mit Heißkleber anbringen. Die Bilderöse auf der oberen Querleiste der Rückseite befestigen.

Herzen

1 Die Herz-Einzelteile in Kirschrot grundieren. In die Farben Capriorange und Zitrone Farbenbinder mischen (siehe Herstellerangaben) und nacheinander auf eine Herzseite tupfen.

2 Nach dem Trocknen die Kanten der Herzen mit Schmirgelpapier anschmirgeln.

3 Auf einen langen Bastfaden Herzen und Perlen abwechselnd aufziehen, die Positionen mit Kleber fixieren.

4 In den Bastfaden am oberen Ende eine Schlaufe als Aufhänger knoten.

Material

Katze

- Holz-Strandgut, 14 x 42 cm
- Platine, oval, 9 x 13 cm
- Holz-Halbkugeln, 4 cm ∅
- Blumentopf, 13 cm ∅
- Aludraht, 2,5 mm ∅
- Plombendraht in Silber
- Rest Modellierfilz in Gelb
- Patio Paint in Weiß, Zitrone, Rosa, Azurblau, Schwarz
- Buntstifte in Rosa, Braun
- Bilderöse, 10 mm
- Bohrer, 3 mm ∅

Herzen

- 2 Holzherzen, 12 cm
- Holzperlen in Gelb:
  - 3x 0,8 cm ∅
  - 2x 1,2 cm ∅
- Raffiabast
- Patio Paint in Zitrone, Capriorange, Kirschrot
- Farbenbinder

Motivgrößen

- Herzen: 50 cm
- Katze: 51 cm

Lustige **Frösche**

Drei Frösche

1 Die Lattenfiguren laut Foto bemalen, die Standfläche in Blau. Die Halbkugeln als Augen aufkleben und bemalen.

2 In Höhe der oberen Querlatte je einen Schraubhaken in die Figuren eindrehen, die Figuren auf der Standfläche mit Leim befestigen.

3 Aus Moosgummi die Krone (Vorlage F1) und die Füße (Vorlage F2) zuschneiden und anbringen.

4 Ein Stück Moosgummi in Pink, 2,5 mal 5 cm, zuschneiden, in der Mitte mit Kleber zusammendrücken und dem mittleren Frosch als Schleife ankleben.

Froschkasten

1 Die Holz-Truhe in der Farbe Immergrün grundieren.

2 Die Halbkugeln als Augen aufkleben und ebenfalls bemalen.

3 Eine Krone nach der Vorlage F1, die Füße nach der Vorlage F3 aus Moosgummi zuschneiden und anbringen.

4 Moosgummi in Pink auf 2,5 x 5 cm zuschneiden, in der Mitte mit Kleber zusammendrücken und als Schleife auf den Froschkasten kleben.

Vorlagen F 1 – F3

Material

Für beide Modelle

- Moosgummi, Struktur Pink
- Moosgummi in Maisgelb, Grün, 3 mm

Drei Frösche

- Lattenzaun, 3er
- 6 Holz-Halbkugeln, 3 cm ∅
- Schraubhaken, 3 x 25 mm
- Patio Paint in Weiß, Pink, Azurblau, Immergrün, Schwarz

Froschkasten

- Holz-Truhe, 13 x 9 x 9 cm
- 2 Holz-Halbkugeln, 4 cm ∅
- Patio Paint in Weiß, Immergrün, Schwarz

Motivgrößen

- Drei Frösche: 35 cm
- Froschkasten: 15 cm

Gartenstecker

Angeln verboten

1 Den Holzstecker und die Holzplatte „Fisch" auf der Rückseite mit der Vierkantleiste verbinden. Dazu Leim verwenden und einen Nagel in Höhe des Fisches, die anderen am Schild in die Leiste einschlagen.

2 Den Stecker laut Abbildung bemalen und das Schild mit dem Filzstift beschriften.

Blume

Die Blüten zur Probe auf den Stab stecken, falls notwendig, die Bohrungen mit einem 3-mm-Bohrer nachbohren. Blüten und Innenteile schmirgeln, laut Foto bemalen und auf den Stab stecken. Mit Heißkleber in der Position fixieren.

Willkommen

1 Die Vierkantleiste auf der Rückseite des Holzsteckers mit Leim und zwei Nägeln befestigen.

2 Am Vogelhaus die Schlaufe abschneiden, Vogelhaus und den Stecker bemalen, das Schild mit Filzstift beschriften.

3 Die Halbkugel als Nase anleimen. Aus Moosgummi einen Kragen nach der Vorlage G zuschneiden.

4 In die Oberkante der Vierkantleiste 2 Nägel zur Hälfte einschlagen, die Nagelköpfe mit einer Zange abkneifen (Schutzbrille tragen).

5 Erst den Moosgummikragen aufstecken, dann den Kopf, jeweils etwas Leim dazwischengeben.

Material

Angeln verboten
- Holzplatte Fisch, 19 x 30 cm
- Holzstecker, 62 cm
- Vierkantleiste, 1,4 x 2,8 x 15 cm
- 2 Nägel, 2 x 20 mm
- Patio Paint in Weiß, Zimt, Capriorange, Bayrisch Blau

Blume
- Holzblumen, 1x 15 cm, 1x 12 cm
- Metallstab, 100 cm
- Patio Paint in Capriorange, Bayrisch Blau, Violett, Kirschrot

Willkommen
- Vogelhaus, 16 cm
- Holzstecker, 62 cm
- Holz-Halbkugeln, 1x 2 cm ∅, 2x 4 cm ∅
- Vierkantleiste, 1,4 x 2,8 x 8 cm
- 4 Nägel, 2 x 20 mm
- Moosgummi in Lila, 2 mm
- Patio Paint in Weiß, Zimt, Kirschrot, Grasgrün, Goldgelb, Babyrosa

Motivgrößen
- Angeln: 83 cm
- Blume: 106 cm
- Willkommen: 78 cm

Schneemänner

1 Die Querlatten in Zimt, die Figuren und die Standfläche weiß bemalen, zum Teil etwas Strukturschnee auftupfen. Ebenso von den Plastikkugeln drei große, eine mittlere und zwei kleine Hälften auf den Außenseiten bemalen. Nach dem Trocknen die Laschen mit einem Cutter abtrennen und die Kugelhälften laut Foto platzieren.

2 Gesichter auf die Latten malen (Vorlage H1), Filznasen aufkleben. Mützenteile (Vorlage H2) zuschneiden. Mützenvorderteil am Kopf fixieren, das rückwärtige Mützenteil auf der Rückseite dagegen kleben. Auf die Krempen mit Buntstiften Streifen malen und diese über die Mützen ziehen und fixieren, dabei Naturbasthaare einkleben.

3 Den Zylinder zusammensetzen (Vorlage H3) und am Kopf anbringen. Als Schal jeweils einen 2,5 x 30 cm langen Filzstreifen zuschneiden, die Enden dicht nebeneinander einschneiden und den Figuren umbinden.

Material

- Lattenzaun, 3er
- Plastikkugeln:
  - 1x 4 cm ∅
  - 1x 5 cm ∅
  - 2x 8 cm ∅
- Filz in Hellgrün, Hellblau, Erika, Orange, Schwarz
- Raffiabast
- Patio Paint in Weiß, Zimt, Schwarz
- Strukturschnee, grob
- Buntstifte in Blau, Grün

Motivgröße
34 cm

Vorlagen H1 - H3

Weihnachten

Lichterkette

1 Alle großen Sterne und vier der mittleren Größe in der Mitte mit 10 mm durchbohren. Die Sterne in unterschiedlichen Größen untereinander zurechtlegen.

2 An den Stellen, an denen Sterne verbunden werden sollen, mit dem 2-mm-Bohrer in die Holzkante der Sterne vorbohren. Aludraht um einen dicken Stift zu Spiralen wickeln, die Drahtenden in die Sterne kleben.

3 Das Kabel der Lichterkette mit Satinband umwickeln, die Enden fixieren. Die Lämpchen in die Bohrungen der Sterne stecken und mit einem Tropfen Heißkleber fixieren. Um Jedes Lämpchen ein Stück Kordel binden, die Enden etwa 7 - 9 cm lang hängen lassen.

Rentierbaum

1 Die Tanne mit dem dunkleren Grünton grundieren. Den anderen Grünton mit Farbenbinder mischen (Herstellerangaben beachten) und etwas Struktur auftupfen.

2 Die Platinen als Rentierköpfe bemalen (Vorlage J1). Die Perlen halbieren und je eine Hälfte als Nase aufkleben. Filzstücke von 2 x 5 cm in der Mitte raffen und mit Kleber fixieren.

3 Aus dem Aludraht für jeden Kopf ein Geweih (Vorlage J2) biegen und auf der Rückseite der Köpfe ankleben. Die Köpfe und Schleifen laut Foto auf der Tanne platzieren.

4 Die Schraubhaken über die freie Fläche verteilt in das Holz einschrauben und Päckchen anhängen. Eine Bilderöse auf der Rückseite als Aufhänger anbringen.

Vorlagen J1, J2

Material

Lichterkette

- Lichterkette, 10er
- 2 Packungen Holzstreuteile, Sterne in Rot, 3 - 5 cm ∅
- Aludraht in Gold, 2 mm ∅
- Satinband in Rot, 6 mm
- Goldkordel
- Bohrer, 10 mm ∅

Tannenbaum

- Holz-Platte, Tanne, 45 cm
- 4 Holz-Platinen, 5 cm ∅
- Filz in Maisgelb
- 2 Holzperlen, 1 cm ∅
- Aludraht in Silber, 2 mm ∅
- Schraubhaken, verzinkt, 15 mm
- Patio Paint in Weiß, Zimt, Immergrün, Schwarzwald, Schwarz
- Farbenbinder
- Bilderöse, 10 mm

Motivgröße

- Tannenbaum: 45 cm

Materialliste

Dies wird häufig benötigt:

Platine, oval, 9 x 13 cm, 13 x 18 cm	61 377/378 00
Aludraht in Silber, 2 mm Ø	24 170 00
Stiftnägel, 0,9 x 13 mm	Baumarkt
Deco Art Patio Paint:	
in Weiß	38 610 102
in Zitrone	38 610 160
in Goldgelb	38 610 162
in Capriorange	38 610 213
in Terrakotta	38 610 220
in Babyrosa	38 610 262
in Hot-Pink	38 610 267
in Kirschrot	38 610 286
in Violett	38 610 314
in Bayrisch Blau	38 610 366
in Azurblau	38 610 374
in Grasgrün	38 610 422
in Immergrün	38 610 426
in Schwarzwald	38 610 466
in Zimt	38 610 534
in Schwarz	38 610 576

Seite 8/9

Holz-Blume, 35 cm	61 744 00

Seite 10/11

Holz-Blumen, 25 cm	61 743 00
Holz-Ente, 25 cm	61 741 00
Rundholz, 6 mm Ø	64 113 00
Holzkugeln, 1,5 cm Ø	62 505 00
Crepla (Moosgummi) in Orange	33 952 34
Nägel, 0,15 x 3 cm	Baumarkt
Bilderösen, 10 mm	89 011 00

Seite 12/13

Holzrad, 55 mm Ø	61 229 00
Holzperle, 12 mm Ø	12 004 18
Rundholz, 6 mm Ø	64 113 00
Filz in Rosa	53 004 16

Seite 14/15

Holzrad, 55 mm Ø	61 229 00
Holzperlen, 1,2 cm Ø	12 004 01
Holzperlen, 1,4 cm Ø	12 006 31
Filz in Rosa, Weiß, Zimt	53 004 16/02/74
Stiftnägel, 0,9 x 13 mm	Baumarkt
Glasgefäß, 6,5 cm	88 434 00

Seite 18/19

Holz-Würfel-Kalender	61 662 00
Holz-Kommode	61 530 00
Holz-Halbkugeln, 3 cm Ø	61 185 00
Filz in Rot	53 000 17

mit Rayher-Artikelnummern

Seite 20/21

Holz-Strandgut, 14 x 42 cm 61 515 00
Holz-Halbkugeln, 4 cm Ø 61 187 00
Holzherzen, 12 cm 61 739 00
Holzperlen, 0,8 cm Ø, 1,2 cm Ø 12 002/004 20
Blumentopf, 13 cm Ø .... Baumarkt
Aludraht, 2,5 mm Ø 24 171 00
Plombendraht in Silber 24 018 22
Modellierfilz in Gelb 53 016 20
Bilderöse, 10 mm 89 011 00
Raffiabast 52 151 31
Farbenbinder 38 103 00

Seite 22/23

Lattenzaun, 3er 61 519 00
Holz-Truhe 61 392 00
Holz-Halbkugeln,
3 cm Ø, 4 cm Ø 61 185/187 00
Crepla (Moosgummi):
Struktur, Pink 33 900 49
in Mais, Dunkelgrün 33 952 30/13
Schraubhaken, 3 x 25 mm .... Baumarkt

Seite 24/25

Holzplatte Fisch 61 510 00
Holzstecker, 62 cm 61 549 00
Holzblume, 12 cm, 15 cm 61 737/738 00
Vogelhaus, 16 cm 61 444 00
Vierkantleiste, 1,4 x 2,8 x 15 cm .... Baumarkt
Vierkantleiste, 1,4 x 2,8 x 8 cm .... Baumarkt
Nägel, 2 x 20 mm .... Baumarkt
Acrybello Metallstab, 100 cm 25 016 49
Holz-Halbkugel, 2 cm Ø, 4 cm Ø 61 183/187 00
Crepla (Moosgummi) in Lila 33 942 39

Seite 26/27

Lattenzaun, 3er 61 519 00
Plastikkugel,
4 cm Ø, 5 cm Ø, 8 cm Ø, ... 39 114/100/066 37
Filz in Hellgrün, Hellblau, Erika,
Orange, Schwarz 53 000 11/08/40/34/01
Strukturschnee, grob 38 213 000
Raffiabast 52 151 31

Seite 28/29

Lichterkette, 10er 89 332 02
Holzstreuteile, Sterne 86 115 18
Holz-Platte, Tanne 61 428 00
Holz-Platinen, 5 cm Ø 61 149 00
Holzperlen, 1 cm Ø 12 003 18
Aludraht in Gold, 2 mm Ø 24 058 06
Satinband in Rot 51 552 18
Goldkordel 51 330 06
Filz in Mais 53 004 30
Schraubhaken, verzinkt, 15 mm 89 368 43
Farbenbinder 38 103 000
Bilderöse, 10 mm 89 011 00

Edition Rayher...
...damit Schönes leichter gelingt

ISBN 978-3-415-56831-6

ISBN 978-3-415-56833-0

ISBN 978-3-415-56834-7

ISBN 978-3-415-56830-9

ISBN 978-3-415-56832-3

Kreativ-Hotline

Sie haben Fragen zu den Büchern und Materialien? Frau Erika Noll ist für Sie da und berät Sie rund um die Themen Basteln und kreatives Hobby. Rufen Sie an! Wir interessieren uns auch für Ihre eigenen Ideen und Anregungen. Schreiben Sie an Frau Noll oder direkt an den Verlag, wir hören gern von Ihnen! Per E-Mail: **mail@kreativ-service.info** oder Tel: **+49 (0) 7150 / 30 27 77** | Mo. - Do.: 9.00 - 16.00 Uhr / Fr.: 9.00 - 13.00 Uhr

Impressum

ISBN 978-3-419-56829-3

Lektorat:
Gisa Windhüfel, Freiburg

Styling und Fotos:
Christoph Schmotz, Freiburg

Covergestaltung und Layoutentwurf:
Network!, München

Gesamtproduktion:
smp, Freiburg

Druck:
Freiburger Graphische Betriebe

Verlag Herder GmBH
Christophorus-Verlag
Hermann-Herder-Str. 4
79104 Freiburg

Tel.: 0761/2717-0
Fax: 0761/2717-352

E-Mail:
info@christophorus-verlag.de
www.christophorus-verlag.de